LE
CRI ROYALISTE :

TOUT EST PERDU ! TOUT EST PERDU !

Par P. M. T.

PARIS,

CHEZ LES MARCHANDS DE NOUVEAUTÉS.

1815.

LE
CRI ROYALISTE :

TOUT EST PERDU ! TOUT EST PERDU !

———

Il y a peu de jours, les murs de cette capitale retentissaient de cet abominable cri, et déjà les acclamations de l'allégresse ne permettent plus de l'entendre. Pas un Français raisonnable qui ne préfère, aux conseils de la discorde, les biens que nous assure le retour de Napoléon. Que faut-il à une nation pour être heureuse ? une liberté modérée, une industrie puissamment encouragée et un esprit national qui attache les sujets à leur souverain.

Mais durant douze années, constamment triomphans sous un régime très-fort, n'étions-nous pas libres? et, quoique les royalistes obstinés nous obligeassent à leur opposer sans relâche nos braves légions, la prospérité intérieure de la France cessa-t-elle d'égaler sa gloire?

Avant la grande entreprise d'où devait nécessairement résulter la paix générale, si la

trahison , encore plus à craindre que les élé-
mens, n'eût renversé les vastes projets de
l'empereur, tous les peuples ne nous en-
viaient-ils pas un tel maître , et ne jouissions-
nous pas de cette liberté modérée, la seule
que puisse ambitionner un peuple sage ?

Cinq ou six constitutions éphémères qui
nous furent données avant que Napoléon fût
appelé, par le vœu national , à prendre les
rênes de cet empire, nous avaient bien ap-
pris que, pour un grand État, il ne fallait
ni un pouvoir exécutif partagé , ni une aris-
tocratie qui, sous le nom de *Convention*, est
sans cesse contrariée dans ses décrets, et trop
lente dans sa marche, ni un régime répu-
blicain , toujours trop près de la furieuse et
vociférante démagogie. Nous avons enfin com-
pris que le plus sûr moyen de conserver notre
liberté, c'était de nous confier en la sagesse
d'un gouvernement très-fort, également dis-
tant du despotisme absolu et d'une monar-
chie sans vigueur.

Quelle plus forte garantie de notre liberté
que cette maxime de l'empereur : « Je ne con-
» nais de légitime souveraineté héréditaire
» que celle qu'exige l'intérêt du peuple. »

Reprends donc tes droits, glorieux Napoléon ! Reprends des droits nécessaires à notre bonheur ! Il y aurait de quoi s'étonner que ta grande ame eût pu les abdiquer contre le vœu national, si nous ne connaissions tes motifs. En cédant à la trahison, tu voulus ôter aux alliés tout prétexte de souiller notre pays par leur présence, et de le vexer long-temps par leur honteux secours. Cette abdication nécessairement nulle, puisqu'elle ne fut pas acceptée par le peuple, qui seul pouvait la recevoir, devient en quelque sorte un nouveau droit à la couronne.

En effet, Napoléon s'éloignant des Français pour leur épargner le malheur d'une guerre civile, ne se montrait-il pas bien digne de les gouverner? Celui-là n'est-il pas destiné à commander aux hommes qui, à l'intérêt de tous, sacrifie ses intérêts, pardonne aux sujets égarés, oublie tout ressentiment et triomphe de lui-même?

C'est se créer à plaisir des chimères que de craindre l'esclavage sous un monarque qui vous dit : « Les peuples n'existent pas pour » les rois, mais les rois pour les peuples. » Ne pas s'estimer heureux d'un tel gouvernement, c'est être indigne d'en avoir un. A un peuple qui serait si déraisonnable, il ne faudrait pas un empereur, mais un tyran ou des comités. Pour moi, lorsque je puis adorer la Divinité suivant les rites et les principes de la religion dans laquelle je suis né ; lorsque je puis émettre ma pensée, écrire, agir comme je veux, sous la seule condition de respecter l'ordre établi ; lorsque je vois que les droits de tous sont reconnus et protégés par le souverain, je souhaite qu'il soit très-fort, et je serais fâché d'être plus libre.

L'industrie languira-t-elle ? En vérité l'esprit de parti aveuglerait bien ceux qui voudraient nous le faire craindre. Aux rayons de ce soleil qui reparaît sur l'horizon politique, nous avons déjà vu, après de longues calamités (1), se rallumer tout à coup le flambeau des sciences, refleurir tous les arts, et se raviver toutes les branches de l'industrie. En peu d'années, sous les yeux de l'Europe jalouse, se réunissent au Musée les chefs-d'œuvre des Phidias et des Praxitèle, anciens et modernes ; de ses décombres se relève enfin le Louvre majestueux, immense ouvrage de tant de rois ; tout l'empire est couvert de mo-

______

(1) On se rappelle l'état de la France sous le directoire exécutif.

numens utiles; malgré cette superbe Carthage, qui tient l'empire des mers, le commerce se soutient dans l'intérieur, et l'agriculture encouragée, même au milieu du tumulte des armes, nous offre l'abondance. Tout ressent l'influence de l'astre vivifiant et du génie actif qui, tandis qu'il prépare les brillantes victoires, dont une seule éterniserait un autre nom, trouve assez de loisir pour ordonner les travaux nécessaires à l'embellissement et à la salubrité de nos villes, méditer chaque jour de nouveaux bienfaits et créer pour nos jouissances de nouvelles merveilles. Et l'on nous dit que l'industrie sera perdue sous un tel prince, que les hommes laborieux resteront sans occupation, les talens, le savoir et le mérite, sans récompense!

Les mœurs doivent-elles aussi dégénérer? Sans elles point de gouvernement stable. Mais le premier soin de notre monarque, non moins législateur que guerrier, ne fut-il pas de joindre à son Code civil un mode d'instruction conforme au christianisme et au caractère national.

Or, lorsque la religion est honorée, sans néanmoins que ses ministres puissent jamais usurper trop d'empire; lorsque les hommes

du premier mérite sont appelés à l'enseigne-
ment de la jeunesse, libéralement pourvus et
et environnés de la considération publique ;
lorsque les disciples sont stimulés par tous les
motifs qui, sur les cœurs bien nés, ont le plus de
force, peut-on craindre pour les mœurs? L'u-
niversité impériale, dès ses premiers pas dans
sa noble carrière, a surpassé la fille aînée de
nos rois. La discipline et la bravoure que mon-
trèrent les élèves de l'école polytechnique, devant les troupes alliées, nous assure que, dans
toutes les écoles, le savoir et les rares vertus
marcheront d'un pas égal.

Enfin l'esprit national est-il anéanti ? Quoi!
parce que des revers, simples effets de la trahison, permirent aux étrangers d'infester
pour quelques mois nos provinces, aurions-
nous désespéré de la patrie au point d'imaginer
que cette même étoile qui, durant douze années, l'avait dirigée au bonheur, ne reluirait
plus pour elle?

Ce n'est pas le tout pour gouverner que
d'être affable et bon, prudent, même éclairé;
il faut de plus être fort et heureux, c'est-à-
dire porté par la Providence. Sans cette pré-
destination que le Ciel se plaît à manifester,
les intentions les mieux prononcées pour le

(7)

bien, se réduisent à un désir stérile: Bientôt
le peuple qui souffre sous le *gouvernement
paternel* se laisse abattre, et l'esprit national
qui faiblit chaque jour avec l'espérance, s'é-
teint dans le long rêve d'un bonheur qui ne
peut se réaliser.

Mais que, sur ce même peuple, domine un de
ces génies dont la nature est avare ; un homme
aussi instruit que brave, adroit à deviner les
esprits et prévenir les projets des ambitieux ;
digne de réunir tous les cœurs, de rallier
autour de lui tous les courages ; un prince
qui, par sa force et sa vigilance, comprime
les factions, et dans le grand, l'unique intérêt
de la patrie, oblige tous les intérêts de se con-
fondre ; un monarque enfin qui, à l'épreuve
des revers ou au plus haut point de gloire,
soit toujours plus grand que la fortune ; ce
prince-là, nécessairement bon et généreux au-
tant qu'il est puissant, verra son peuple en
temps de division revenir volontiers à sa voix :
l'esprit national revivra pour ne plus mourir,
car devant les princes de ce caractère la trahison n'ose pas deux fois se montrer.

Concluons que tous les biens dont se com-
pose la félicité des nations ne nous sont pas
moins conservés que l'honneur. Dans ces

graves circonstances, nul Français n'a méconnu son langage ; malgré les cris de guerre civile, pas une amorce de brûlée entre ces armées en apparence si ennemies, mais qui ne comptaient que des frères. La garde nationale a tendu la main aux troupes impériales qui venaient à elle armes baissées ; et sur le pavois de tous ses braves, Napoléon, reporté à son palais, jouit du plus paisible, du plus immortel et du plus doux de ses triomphes.

A voir comme se sont aplanis d'eux-mêmes tous les obstacles qui s'opposaient à l'établissement de la grande dynastie, peut-on ne pas admirer la protection visible d'une Providence attentive à notre bonheur ? L'histoire de tous les siècles offre-t-elle l'exemple d'une victoire plus complète et achetée par moins de sang ? Napoléon s'avance , et par sa douceur il fait plus que les autres conquérans par le fer. Le désir de revenir sous ses drapeaux , la magie de son nom a désarmé des Français qui ne peuvent plus se combattre, et une guerre civile n'est plus qu'une guerre étrangère. Non , ce ne sont point les peuples qui font de semblables révolutions, mais bien le dieu des armées , qui tient dans ses mains toutes les volontés et qui les tourne à son gré. Bien fous seraient ceux qui résisteraient au vœu général, car il le soutient de sa puissance. Sur la nécessité d'obéir, la sagesse s'accorde donc avec l'honneur.

Mais voulez-vous savoir quels sont les insensés qui renoncent à l'honneur? Ce sont ceux qui en temps de trouble, au lieu de rester paisiblement à leur poste, abandonnent la patrie, crient que tout est perdu, et en fuyant, jettent sur elle les torches de la discorde. Ce sont-là les ennemis et vraiment les traîtres, ceux, dis-je, dont le plus vif désir est de voir *canons contre canons, baïonnettes contre baïonnettes,* et les frères s'entregorger. Sourds à cet horrible conseil, vous avez, pour cette fois, renoncé à votre courage. Réunis désormais sous un même étendard, défenseurs de la nouvelle et immortelle dynastie, fidèles à Marie-Louise, à Napoléon qui, plein de confiance au bras du Tout-puissant, fit si souvent résonner vos temples du chant de la victoire, vous ne craindrez point les efforts de tous les rois conjurés.

De l'imprimerie de Mad^e Veuve JEUNEHOMME, rue Hautefeuille, n° 20.

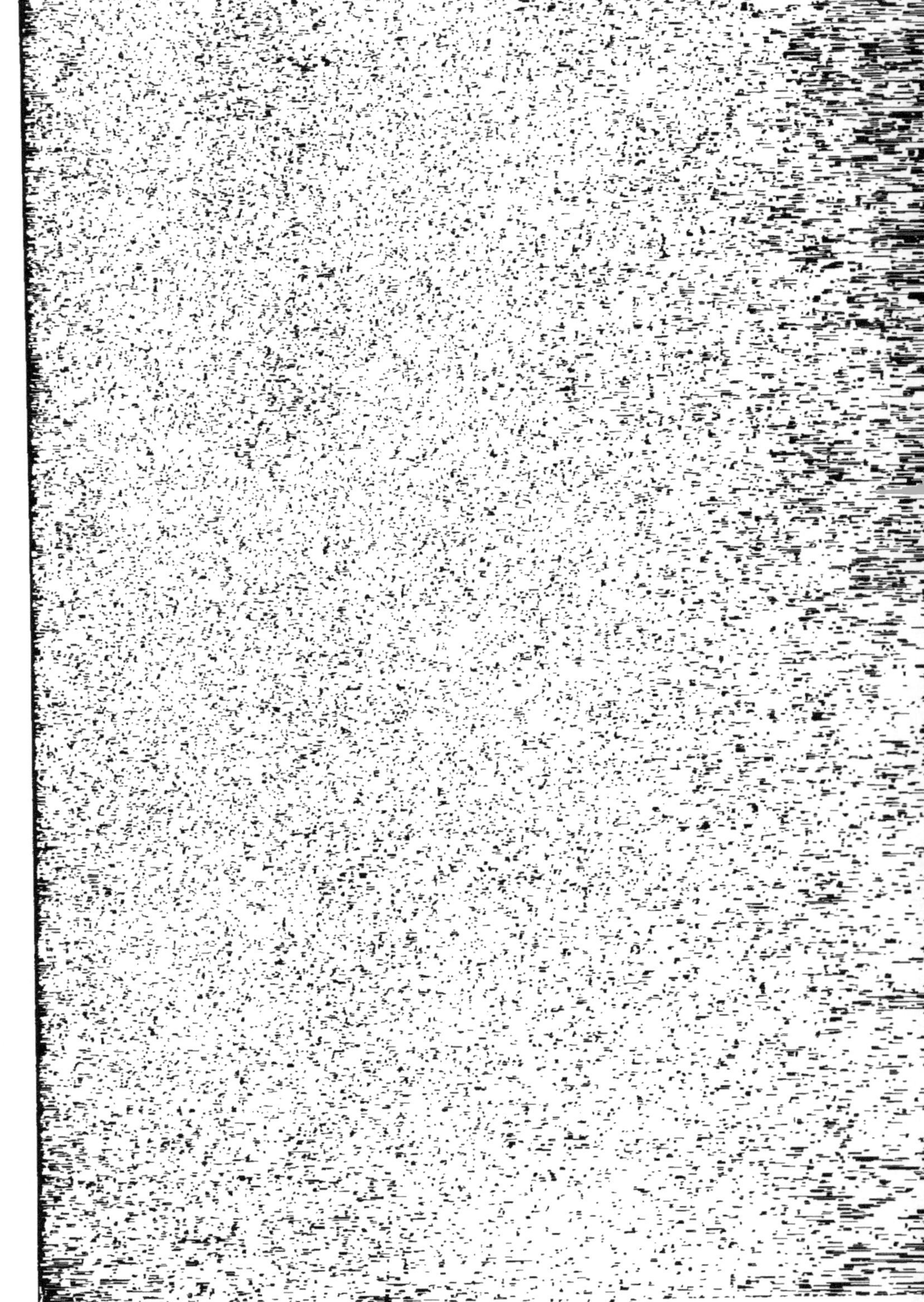